Michel PIQUEMAL Justine BRAX

La ROBE ROUGE de NONNA

Albin MICHEL jeunesse

Cet album est inspiré d'une histoire vraie, arrivée à ma grand-mère
alors qu'elle était encore une enfant dans l'Italie fasciste.
Je l'ai racontée à Michel, qui a voulu la transmettre
à son tour afin que la mémoire demeure.

Isabelle Chatellard

À toutes les femmes de ma famille,
qui se battent pour réaliser leurs rêves.

Justine Brax

22, rue Huyghens, 75014 Paris – www.albin-michel.fr
Loi 49-956 du 16 juillet 1949 sur les publications destinées à la jeunesse
Dépôt légal : premier semestre 2013 – Numéro d'édition : 20438 – ISBN-13 : 978 2 226 24586 1
Imprimé en France par Pollina s.a. - L63326

Michel PIQUEMAL Justine BRAX

La ROBE ROUGE de NONNA

Albin MICHEL jeunesse

Ma grand-mère, «nonna», chante tout le temps.
Dès qu'on entre chez elle, on l'entend fredonner :

«Va, pensiero…
Funiculi, funiculà…
Farfallina…»

J'adore quand elle chante. Elle a une jolie voix. Mais c'est toujours en italien. Je demande :
— De quoi ça parle, grand-mère ?
Et à chaque fois, elle répond :
— *Amore, amore, figlia mia !*
Ce sont des chansons d'amour. Et elle n'en dit pas plus.

Ce matin, pendant qu'on cuisinait, j'en ai profité pour la cuisiner, elle aussi.
— *Nonna !* Pourquoi tu ne chantes qu'en italien ?
— Parce que je suis une *«macaroni», figlia mia* !
— *Macaroni !?*
— Oui, c'est ainsi qu'on nous appelait, nous les Italiens, quand nous sommes arrivés en France…

— *Mais pourquoi vous êtes venus, alors?*

Elle a frotté ses mains pleines de farine sur son tablier, et, me regardant droit dans les yeux, elle m'a dit :

— *È una lunga storia ! Quando avevo la tua età...*

— Parle en français, *nonna* ! Je ne comprends rien !

— Tu as raison. Quand j'avais ton âge, mes parents et moi, nous habitions près de Bergamo, une ville du nord de l'Italie.

Mon père était un *operaio*, un ouvrier. Mais c'était un ouvrier un peu spécial pour son époque : il lisait des livres, il recevait des journaux... *Capito, ragazza ?*

— *Capito, nonna !* J'ai compris !

— Il rêvait d'un monde meilleur où il y aurait du pain pour tous. Et souvent, avec ses amis, il chantait des chansons révolutionnaires.

— Comme *Bella ciao* ?... Celle-là, *nonna*, je la connais. Papa me l'a déjà chantée. Chante avec moi, *nonna* !

Una mattina, mi son' svegliato
O bella ciao, bella ciao, bella ciao ciao ciao

— *Oui, c'étaient des chansons comme Bella ciao…*

Le genre de chanson qui en mettait beaucoup en rage, et surtout les curés.

On disait de mon père qu'il était un anarchiste, un *senza dio*. Pourtant, il ne faisait rien de mal. Il vivait comme tout le monde. Il travaillait dur, ne mentait pas, ne volait pas… Mais pour ces gens-là, son crime était grand : il n'allait pas à l'église ! Et il ne m'avait pas fait baptiser !

Quand le curé me voyait passer, il crachait par terre en jurant : « *Creatura del diavolo ! L'inferno ti aspetta !* L'enfer t'attend ! »

Parce que je n'étais pas baptisée, tu comprends ?

— *Sí, capito, nonna !*

— En 1922, Mussolini, il Duce, arriva au pouvoir !

Il avait les mêmes idées que Hitler.
Era un fascista. Il détestait les communistes… mais il s'entendait avec les curés, les « robes noires ».
D'ailleurs, tout était noir chez les fascistes. Ils se donnaient même le nom de « *Camicie nere* », les Chemises noires. C'étaient des bandes de sales types qui, au nom de leur chef, faisaient régner la terreur.
Pezzi di merda di fascisti !

— Gros mot, *nonna* ! Gros mot !

— Tu as raison ! *Ma*, ces maudites Chemises noires ont fait tant de mal !

Mon père était un bon ouvrier.

Pourtant, quand les fascistes sont arrivés, il a perdu son emploi. On ne voulait plus de lui à l'usine. Alors il est devenu un *bracciante* : il louait chaque jour ses bras pour travailler dans les champs. C'était très dur. Et on ne le prenait pas tout le temps...

— Mais pourquoi, grand-mère, puisque c'était un bon travailleur ?

— Parce qu'il n'avait pas le papier... celui que le curé du village te faisait pour dire que tu étais un vrai chrétien... Sans ce papier, il était bien difficile d'avoir du travail. Ton arrière-grand-père se retrouvait souvent *disoccupato*, chômeur. Et c'était lui qui avait la rage.

Beaucoup de ses amis partaient.

Ils émigraient en Amérique ou en France. Mais mon père aimait son pays : « *L'Italia è la nostra patria !* disait-il souvent. L'Italie est notre patrie. Un jour viendra où on chassera les Chemises noires ». Et il chantait, avec ceux qui restaient, des chansons qui donnent du courage.

— Chante, *nonna*, chante encore avec moi !

E se io muoio da partigiano
O bella ciao, bella ciao, bella ciao ciao ciao

— Un soir qu'il rentrait du travail, les Chemises noires le rossèrent à coups de bâtons. *Vigliacchi !* Les lâches ! Ils le laissèrent presque mort au milieu d'une vigne.

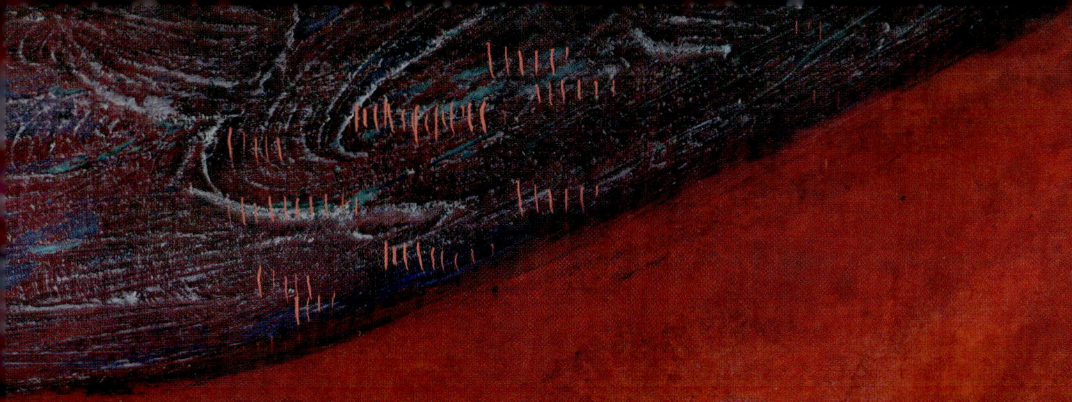

Mais c'était un costaud.

Quelques jours plus tard, il les narguait dans la rue. Alors ils s'en prirent à ma mère. Elle aussi, on la traitait de « *senza dio* »…

Ses amies avaient peur de la fréquenter.

Les commerçants ne voulaient plus lui faire crédit.

Souvent, elle rentrait des courses en pleurant, et mon père la consolait : « *La primavera tornerà*, le printemps reviendra, et les fascistes s'en iront ! »

Mais les fascistes ne partirent pas.

Au contraire, leur pouvoir s'étendait sur le pays.

Partout on entendait leur cri et leur chanson terrible.

Ah, crois-moi, ce n'était pas aussi beau que *Bella ciao*.

Fascisti, fascisti

Siamo il fascio del Duce

Eia Eia Alala

Eia Eia Alala !

Mais mon père tenait bon. Il espérait toujours :

« *La primavera tornerà !* »

Et puis, ils s'en sont pris à moi.

MOSTRA
DELLA RIVOLUZIONE
FASCISTA

Pour le printemps, ma mère m'avait cousu une jolie robe rouge.

Elle disait que j'étais aussi belle qu'un *papavero*, un coquelicot !

Mais le rouge, c'était la couleur des communistes.

Une couleur qu'il ne fallait pas porter.

Un soir, je m'en souviens encore, je rentrais de l'école ;

je chantais un air d'opéra que mon père aimait beaucoup :

« Va, pensiero… Va… libertà ! »

Des Chemises noires m'ont barré la route. Les mots se sont tus dans ma bouche.

L'un des fascistes a crié :

« Ici, on ne porte pas d'habit rouge, déshabille-toi ! »
Sur le moment, je n'ai pas compris.
Il a répété méchamment : *« Comunista, spogliati ! »*
Et il a attrapé un bout de la robe, et il a tiré…
Des gens sont arrivés. Un attroupement s'est formé.
Personne n'a bougé, car tous craignaient les Chemises noires. Espèce de lâches !
J'ai fondu en larmes. Imagine… j'avais ton âge !

Ils m'ont obligée à déboutonner ma robe…

et je me suis retrouvée en culotte sur la place du village.

Che vergogna ! Quelle honte pour moi…

Jamais je ne leur pardonnerai !

Ma mère, prévenue par des voisines, est arrivée comme une furie. Elle m'a enveloppée d'un manteau et nous sommes rentrées à la maison.

Hotel
MOSTRA
RIVOLUZIONE
FASCISTA

Quand mon père l'a appris, il est devenu comme fou.

Il tentait de me consoler : « *Bambina mia, bambina mia, li ammazzerei tutti !* Je les tuerai tous ! »
Mais ma mère ne voulait plus de tout ça. Elle ne lui a pas laissé le choix. Le soir même, elle empilait nos affaires dans des sacs… et au petit matin, nous avons quitté le pays.

C'est pour ça que nous sommes ici !

Peu de temps après, nous passions la frontière.
Nous étions en France.
« Ora, la Francia è la nostra patria », a dit mon père.
C'était notre pays désormais. Et quand, bien plus tard, la guerre entre la France et les fascistes a éclaté, tout macaroni qu'il était, il s'est battu pour défendre notre nouveau pays.

Le temps a passé.

Nous sommes fiers aujourd'hui d'être français. Mais souvent, surtout depuis que je suis vieille, des chansons me reviennent à la mémoire. Mon cœur d'Italienne se remet à battre.

Chante, *figlia mia*, chante avec moi *Bella ciao* !

— *Sí, mia nonna !*

Così le genti che passeranno
O bella ciao, bella ciao, bella ciao ciao ciao
Così le genti che passeranno
Mi diranno « Che bel fior »

E questo è il fiore del partigiano
O bella ciao, bella ciao, bella ciao ciao ciao
E questo è il fiore del partigiano
Morto per la libertà

Bella ciao

Traduction

Una mattina, mi son' svegliato
O bella ciao, bella ciao, bella ciao ciao ciao
Una mattina mi son' svegliato
E ho trovato l'invasor

O partigiano, portami via
O bella ciao, bella ciao, bella ciao ciao ciao
O partigiano, portami via
Che mi sento di morir

E se io muoio da partigiano
O bella ciao, bella ciao, bella ciao ciao ciao
E se io muoio da partigiano
Tu me devi seppellir

Mi seppellirai lassù in montagna
O bella ciao, bella ciao, bella ciao ciao ciao
Mi seppellirai lassù in montagna
Sotto l'ombra di un bel fior

Così le genti che passeranno
O bella ciao, bella ciao, bella ciao ciao ciao
Così le genti che passeranno
Mi diranno « Che bel fior »

E questo è il fiore del partigiano
O bella ciao, bella ciao, bella ciao ciao ciao
E questo è il fiore del partigiano
Morto per la libertà

Un matin, je me suis levé
O bella ciao, bella ciao, bella ciao ciao ciao
Un matin, je me suis levé
Et j'ai trouvé l'envahisseur

Oh partisan, emmène-moi
O bella ciao, bella ciao, bella ciao ciao ciao
Oh partisan, emmène-moi
Car je me sens mourir

Et si je meurs en partisan
O bella ciao, bella ciao, bella ciao ciao ciao
Et si je meurs en partisan
Toi tu devras m'enterrer

Tu m'enterreras là-haut dans la montagne
O bella ciao, bella ciao, bella ciao ciao ciao
Tu m'enterreras là-haut dans la montagne
Sous l'ombre d'une belle fleur

Ainsi les gens qui passeront
O bella ciao, bella ciao, bella ciao ciao ciao
Ainsi les gens qui passeront
Me diront « Quelle belle fleur »

Car c'est la fleur du partisan
O bella ciao, bella ciao, bella ciao ciao ciao
Car c'est la fleur du partisan
Mort pour la liberté

Bella ciao est une chanson populaire italienne de protestation chantée à l'origine par les femmes qui travaillaient dans les rizières de la plaine du Pô et se plaignaient de la dureté de leurs conditions de vie…
Les paroles ont été modifiées ensuite, durant la Seconde Guerre mondiale, pour en faire un hymne à la lutte antifasciste des partisans (la Résistance italienne contre les nazis). La chanson s'est enfin répandue dans l'Europe entière, pour devenir un symbole de toutes les luttes populaires pour la liberté !

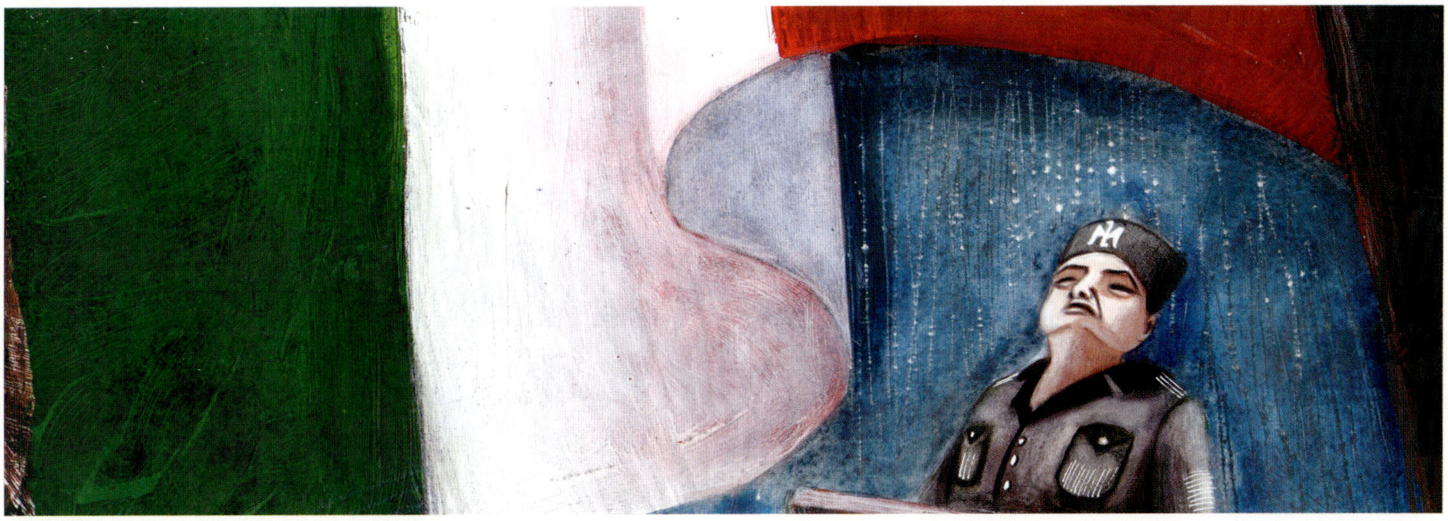

Nonna a vraiment existé et l'histoire qu'elle raconte est une histoire vraie. Elle a eu lieu dans les années 1920, une période très noire de la vie politique italienne.
Pour mieux la comprendre, il est bon d'en expliquer un peu les circonstances.

Après la Première Guerre mondiale, l'Italie est en proie à une crise économique qui entraîne des luttes sociales entre ouvriers et patrons.

Un journaliste de 36 ans, Benito Mussolini, crée alors en 1919 une force paramilitaire d'extrême droite, les *Faisceaux italiens de combat*.

Ses militants, les Chemises noires, constituent une véritable armée qui s'attaque partout violemment aux syndicalistes et aux ouvriers en grève. Ils sont armés d'un gourdin et d'un purgatif puissant, l'huile de ricin, qu'ils font avaler de force à leurs adversaires pour les humilier.

En 1921, leur *Parti national fasciste* ne gagne pas les élections… mais Mussolini organise en 1922 avec ses Chemises noires la «*marche sur Rome*», destinée à terroriser l'opinion.

Le roi Victor-Emmanuel le nomme alors chef du gouvernement.

Aussitôt, Mussolini instaure un État fasciste totalitaire, soutenu par l'Église et le grand patronat. Grâce à une propagande sans précédent, un nationalisme exacerbé et une politique de terreur visant toute contestation, son parti gagne les élections de 1922.

L'Italie bascule dans la dictature fasciste. Mussolini se fait appeler le *Duce* (le Guide!) et instaure un véritable culte de sa personnalité. La presse est muselée, les libertés civiques sont abolies et les partis d'opposition interdits, et une police secrète traque tout «suspect».

Beaucoup d'opposants, comme la famille de nonna, quittent l'Italie.

Mussolini signe en 1929 avec le pape les accords du Latran, qui font du catholicisme la «seule religion de l'État italien» et renforcent la légitimité du Duce auprès du peuple.

Plus tard, en 1936, il se rapprochera d'Adolf Hitler, chef de l'Allemagne nazie. Il entrera dans la Seconde Guerre mondiale à ses côtés. De nombreux Italiens (comme le père de la petite fille de l'histoire) rejoindront la Résistance, au sein de groupes de partisans, en lutte pour la liberté.

Au moment de la victoire des Alliés, Mussolini tentera de fuir l'Italie, déguisé en soldat allemand, mais il sera capturé par un groupe de partisans et fusillé en avril 1945. Ce sera pour l'Italie le début d'une nouvelle ère et le retour progressif à la démocratie…